—

This book belongs to

____

Phone Number

____

E-mail

____